Zhongguo Wenhua
Zhishi Duben

中国文化知识读本

岭南园林

主编　金开诚

编著　陈长文

吉林出版集团有限责任公司

吉林文史出版社

图书在版编目（CIP）数据

岭南园林 / 陈长文编著. —— 长春：吉林出版集团
有限责任公司：吉林文史出版社，2009.12 （2023.4重印）
（中国文化知识读本）
ISBN 978-7-5463-1940-7

Ⅰ. ①岭… Ⅱ. ①陈… Ⅲ. ①古典园林 - 简介 - 广东
省 Ⅳ. ①K928.73

中国版本图书馆CIP数据核字(2009)第236885号

岭南园林

LINGNAN YUANLIN

主编/ 金开诚　编著/陈长文

项目负责/崔博华　责任编辑/曹恒　崔博华

责任校对/王新　装帧设计/曹恒

出版发行/吉林出版集团有限责任公司　吉林文史出版社

地址/长春市福祉大路5788号　邮编/130000

印刷/天津市天玺印务有限公司

版次/2009年12月第1版　印次/2023年4月第3次印刷

开本/ 660mm×915mm　1/16

印张/8　字数/30千

书号/ISBN 978-7-5463-1940-7

定价/34.80元

前　言

　　文化是一种社会现象，是人类物质文明和精神文明有机融合的产物；同时又是一种历史现象，是社会的历史沉积。当今世界，随着经济全球化进程的加快，人们也越来越重视本民族的文化。我们只有加强对本民族文化的继承和创新，才能更好地弘扬民族精神，增强民族凝聚力。历史经验告诉我们，任何一个民族要想屹立于世界民族之林，必须具有自尊、自信、自强的民族意识。文化是维系一个民族生存和发展的强大动力。一个民族的存在依赖文化，文化的解体就是一个民族的消亡。

　　随着我国综合国力的日益强大，广大民众对重塑民族自尊心和自豪感的愿望日益迫切。作为民族大家庭中的一员，将源远流长、博大精深的中国文化继承并传播给广大群众，特别是青年一代，是我们出版人义不容辞的责任。

　　本套丛书是由吉林文史出版社和吉林出版集团有限责任公司组织国内知名专家学者编写的一套旨在传播中华五千年优秀传统文化，提高全民文化修养的大型知识读本。该书在深入挖掘和整理中华优秀传统文化成果的同时，结合社会发展，注入了时代精神。书中优美生动的文字、简明通俗的语言、图文并茂的形式，把中国文化中的物态文化、制度文化、行为文化、精神文化等知识要点全面展示给读者。点点滴滴的文化知识仿佛颗颗繁星，组成了灿烂辉煌的中国文化的天穹。

　　希望本书能为弘扬中华五千年优秀传统文化、增强各民族团结、构建社会主义和谐社会尽一份绵薄之力，也坚信我们的中华民族一定能够早日实现伟大复兴！

目录

一、岭南园林的历史 · 001

二、岭南园林的分类 · 009

三、岭南园林的特点 · 019

四、岭南园林的构成要素 · · · · · · · · · · · · · · · · · · 037

五、岭南园林的代表作 · 053

一、岭南园林的历史

岭南园林因其独具浓厚地方特色而与北京的皇家园林（颐和园）、苏州的江南园林（拙政园、网诗园等）并称中国古典园林三大体系，它地域广阔、风景优美、文化深厚。岭南园林始建于南越帝赵陀，兴盛于明清，延及民国。受岭南文化的影响，岭南园林具有通透与朴实、精美与细腻的特色，综合了多元文化特点，把北方、江南和外国的园林艺术兼收并蓄，使园景布局显得挥洒自如、不拘一格。

（一）南越王朝园林

岭南园林历史比中原园林晚得多，秦始皇派任嚣、赵佗二将统一岭南，赵佗在汉初称帝为南越武帝，南越历 5 主 93 年。自赵

岭南园林包容了多种园林艺术特点，风格洒脱

佗始，南越皇帝效仿秦皇宫室园囿，在越都番禺（今广州）大举兴宫筑苑，建有皇家园林越王台、白鹿台、长乐台和朝汉台等。此园林利用自然地形和自然环境，布置精细周密，喜用规整的水渠、石池，这一直影响着岭南园林的发展。此外，闽北的无诸在汉初亦受封闽越王，史载无诸在福州桑溪"流杯宴集"，此举比兰亭"曲水流觞"早550年。

岭南园林的发展受到皇家园林的影响

（二）南汉王朝园林

唐末，南汉和闽都是五代十国之一，刘龚建立南汉，掀起了第二次营建皇家园林的高潮，在广州留下了西御苑、河南宫苑、明月峡、越秀山、甘泉苑、芳林苑等。

广州九曜园奇石处处，流水潺潺

南汉宫城禁苑中，最著名的当数南宫仙湖药洲。药洲上放置有可供赏玩的名石九座，世称"九曜石"，比拟天上九曜星宿，寓意天宫。药洲仙湖成为花、石、湖、洲争奇斗艳的园林胜景，历宋元明清诸代，一直是广州古城的主要风景区。现存的九曜园，其前身就是仙湖遗迹，宋代书法家米芾题刻在九曜石上的"药洲"二字尚清晰可辨。南汉园林散点分布在城市的四周，在注重自然与城市结合的同时着意园林与建筑物之间的紧密配合，将岭南的皇家宫苑推上了顶峰。然而，随着割据政权的衰亡，岭南皇家园林也就销声匿迹了。

（三）明清私家园林

唐宋时期，岭南私家园林开始发展。唐有广州荔园、福州芙蓉园，宋有惠州白鹤居、海南载酒堂、登州十二石斋、广州西园、高要菊圃、阳光西园、新兴十仙园、泉州金池园等。

明清时期，由于岭南经济发展，私家园林兴盛起来。广东有私园50多处，明代的如东皋、小云林，清园如广州小画舫斋、潮阳磊园、普宁春桂园、梅州人境庐等，广西有清代雁山园。明清福建私园亦有40多处，如福州伊园、泉州春夏秋冬四园、厦门菽庄花园等。台湾有20多处，如台南吴园、台北板桥花园、雾峰莱园和

广州小画舫斋建筑精致幽雅，别有情趣

岭南园林在水桥的
运用上别具特色

新竹潜园。到清中叶以后，岭南园林日趋兴旺，在园林的布局、空间组织、水石运用和花木配置方面逐渐形成自己的特点，成就了别具一方特色的园林体系。

（四）近现代园林

近代，随着岭南社会经济的逐步上升、文化艺术的发展和海内外的交流日益频繁，岭南园林逐渐呈现越来越浓厚的地方民间色彩。自古以来，岭南地区就是中外商贾云集之地，最早受到西方文化的影响，可谓"得风气之先"。鸦片战争后，岭南地区在接触、了解、吸收西方文化继续领先，开启了主动了解世界、学习西方的历史进程，从而完成

开平立园融汇多种建筑风格，别致壮观

了由"得风气之先"向"开风气之先"的飞跃。

在这个时期，岭南园林在汲取西方文化进行中西文化交流的对话中，选择了统一调和、博采众长、为我所用的积极策略，在以中国传统园林为基础的条件下，吸收了大量的西方文化，而近代岭南园林的创新发展也是以西方文化的输入为契机的。特别是岭南的别墅园林，其布局各具特色，结合了许多西方园林的思想和手法，例如广东开平立园、广州陈廉仲公馆庭园、广州东山梅花村陈济棠公馆等都在继承传统的基础上兼具西方建筑风格。

二、岭南园林的分类

（一）按归属类型分

岭南园林有皇家、私家、公共园林等。皇家园林有南越王的四台、闽越王的桑溪、南汉的西御苑、闽王的西湖水晶宫等。私家园林有广西的雁园、广东的四大名园、台湾的四大名园、福建的菽庄花园等。私园中保存最好的是番禺的余荫山房，建筑上的灰塑门楣、英石堆山、规则池岸、木雕洞罩、廊桥组合都是岭南园林的典范。公共园林有惠州西湖、桂林七星岩、福建清源山、台湾龙湖岩等。惠州西湖因苏东坡谪居于此而得到全面整理，筑有五湖六桥一堤一塔，至今仍是岭南最杰出的西湖。其他，寺院园林有广

番禺余荫山房距今已有130多年的历史

东的海幢寺、福建的南普陀、海南的南山寺、台湾的竹溪寺等；商业园林有广州的南园、莲香楼、北园、文园、谟觞、西园、陶陶居等；衙署园林有泉州的两衙园、台湾的寓望园等；书院园林有广东的陈氏书院、番禺学宫、广雅书院、学海堂、玉岩学院等。到现代，公园之风大盛，岭南公园亦风格明显。

象鼻山被视为桂林城的象征

（二）按布局类型分

岭南园林有自然山水式、庭院式、综合式等。自然山水式园林得益于岭南得天独厚的地理和气候条件，风雨冲蚀出的石林、石峰和海水凿刻出的海湾小岛是岭南园林的特征，如厦门鼓浪屿、桂林象鼻山、北海银沙滩、三亚亚龙湾、台湾日月潭等。桂林山水是岭南自然山水的典范，七星岩公园内有类似北斗七星的七星山和酷似骆驼的骆驼峰，象鼻山则酷似一头入江豪饮的大象。综合式园林表现于名山名湖古刹与园林的结合，如南海的西樵山、泉州的清源山、广东的罗浮山、三亚的南山寺等。南山寺园林是自然风景与人工相结合的典范，海边有悬崖峭壁和海滩礁石，海中有人工石雕观音，寺院内有湖景、堆石、建筑、廊台、索桥，为海南第一综合景观，连扇子、铜锣都成为园中之景。庭院式是岭南园林的特色，其小巧堪与日本古典园林相媲美，几乎所有的私宅、酒家、茶楼、宾馆皆建筑庭院园林，如东莞可园、广州白天鹅宾馆、海口华侨宾馆等。可园的"连房博厦"和碉楼是岭南建筑的代表，白天鹅的中庭是现代宾馆中庭的代表，海口华侨宾馆是岭南海景和山景模仿的代表。

（三）按地域类型分

岭南园林有广东园林、广西园林、福建园林、台湾园林、海南园林等。

1. 广东园林

广东自古就是岭南园林的集中地，广州

东莞可园是广东近代四大名园之一

是中心地，到现代依然如是，崖瀑潭局、灰塑作品、廊桥洞窗及新颖类型（指新创造的园林类型）都是万方景仰而又难以企及的目标。作为岭南园林的主流，它以山水的英石堆山和崖潭格局、建筑的缓顶宽檐和碉楼冷巷、装饰的三雕三塑、色彩的蓝绿黄对比色、桥的廊桥、植物四季繁花为特征。番禺的宝墨园，设计之细致、装饰之繁杂堪称国内私家园林之最；围墙上的灰塑，有人物故事和花草虫鱼；两件宝物《清明上河图》瓷塑浮雕壁和《吐艳和鸣》砖雕壁已被列入吉尼斯世界纪录，园中的紫洞艇舫也是船舫之最了。此外，广东四大名园、古典私园人境庐、中西结合的立园、惠州西湖都是闻名遐迩的力作。

2. 海南园林

海南园林大部分景观围绕风景区展开，古典园林遗存较少，多为现代公园和风景区。它多以自然山水中的海景、岛景、礁景、滩景为山水特征，草顶、鱼饰、朴素为建筑特征，椰林、槟榔、三角梅等为植物特征。各个园林中的堆山都用珊瑚石，大东海以它砌坡，海洋公园以它砌门，五公祠以它堆山。典型代表有古典园林五公祠、寺院园林南山寺、风景区园林大东海和亚龙湾、主题公园热带海洋公园以及综合公园金牛岭公园等。

五公祠一景

广西七星公园一景

3. 广西园林

　　广西是自然风景的集中地，原生石峰、石潭、流瀑比比皆是，利用原生自然进行划地保护、整理加工，就成为历代园林工作重点，由此也延续了自然山水与人文有机结合的传统。广西园林以自然山水与历史文化的积淀为特征，表现于石林、石峰、石崖、石潭、壁刻之中。几乎所有的园林都在风景名胜之处，有山水可依凭，这是其他园林所没有的，而且每个名胜之中历史文化积淀非常深厚。代表作如七星公园集山奇、水秀、洞异、树翠、花香五大美于一园，有花桥、博望亭、旷观亭、普陀精舍、玄武阁、碧虚观、月牙

福建鳌园建筑

楼、盆景园等，更有散布于全园的500余件摩崖石刻以及印证桂林之名的9000余株桂树，其中七星岩、月牙楼、华夏之光壁、盆景园、骆驼山、普陀精舍、花桥为岭南园林精品。

4. 福建园林

福建园林始于西汉，亦有皇家园林出现，明清后私家园林达到鼎盛期，多达近50处，现代园林以闽南三角洲地区最集中。它以礁石、塑鼓石为山水特征，以起翘正脊、海波脊尾为建筑特征，正脊龙雕、鱼草山花和石刻石雕为装饰特征。鳌园是石雕的代表，嘉庚园是建筑的代表，南湖公

台北板桥花园

园是塑鼓石的代表，万石植物园是海鼓石的代表。

5. 台湾园林

台湾园林始于明末，在清代达到鼎盛，尤以私家园林为著，亦达 20 多处。园林多以灰塑石山、石山以模仿福建名山为山水特征，以闽南建筑为建筑特征，以平顶拱桥为桥特征，以灰塑或砖雕瓜果器具漏窗为装饰特征。台北的板桥花园是这几大特征的代表，灰塑石山与国画之皴法相似，仿写福建漳州城外之山，人工味十足；各种漏窗奇特异常，有石榴形、南瓜形、蟠桃形、柚子形、蝙蝠形、鼎炉形、花瓶形等，极其生动，象征平安福寿；景墙如观稼轩前的开卷式景墙，就像一本打开的书本，活灵活现，象征开卷有益。此外，台湾省的四大名园、日月潭也很有特色。

三、岭南园林的特点

番禺宝墨园一景

作为中国传统造园艺术的三大流派之一，岭南园林在中国造园史上有着非常重要的意义，特别是在现代园林的创新和发展上，更有着举足轻重的作用。岭南山水秀丽，层峦叠翠，又濒临沧海，环境风物别具特色。岭南人追求自然化、艺术化园居生活，这孕育了岭南园林的独特风格：岭南园林以宅院为主，一般都作成庭院的形式；叠山多用姿态嶙峋、皴折繁密的包镶，很有水云流畅的形象，沿海也有用珊瑚石堆叠假山的；建筑物通透开敞，以装饰的细木雕工和套色玻璃画见长；由于气候温暖，观赏植物的品种繁多，园林之中几乎一年四季都是花团锦簇、绿荫葱郁。岭南园林还善于融汇中西文化，博采众长，为我所用，使岭南园林既不失地方特色，又富有现代感，这是其他园林所不能企及的。

（一）规模小，多为私宅

岭南园林一般规模较小，面积多则三五亩，少的仅数十平方米，多为与住宅结合一体的宅园，通常形成建筑与自然环境紧密结合的庭院形式。庭中喜欢用水点缀山石花卉，以植物、山石、小品等园林材料构庭园空间

番禺宝墨园内绿柳成荫

景观。岭南园林虽然在建筑的艺术造型上不如苏州园林那样轻巧，也不像北方园林那样平稳持重，但在动用植物材料造景上却独树一帜，创造出"人与自然"和谐共处、"天人合一"的融合境界。

岭南地处北回归线两侧，为亚热带季风型气候，长年繁花似锦，又盛产英石、腊石、钟乳石等观赏石材，有良好的造园条件。因气候湿热，岭南人喜欢在住宅中设庭园调节小气候环境，不论城镇村落，宅内设庭蔚然成风，并与各式民居建筑融为一体。在庭园中，或摆设盆景，或种植蔬果，或点石凿池，小庭常以明雅畅朗见长，大院则有高树深池藏荫。传统的岭南园林既具有中国园林的基本风格，又因地

番禺宝墨园内的石桥流水

理环境、自然气候和乡土文化的影响而在布局形式、建筑装修、植物造景等方面独具地方特色。

在园林欣赏方式上是以静观近赏为主，动观浏览为辅；园景创作上讲究点景、借景和升华意境，常用富有诗意的景题作为画龙点睛、表达意境手段，激发游赏者的联想而细细玩味。

（二）植根民间，章法灵活

岭南园林主要植根于民间，没有北方皇家园林的常规祖制，也不具江南文人园林的严谨章法，园景构图根据生活内容的需要适当处置，随机应变，各种设施求实重效，顺从人意。岭南古代的园林匠师综合了多元文

番禺宝墨园一景

化类别，吸收北方的、江南的、外国的园林艺术意境，变更其形灵活吸收，挥洒自如，使园景布局显得较为随意，不拘一格。如粤东普宁春桂园，利用旧城河道，沿河道两岸布置建筑物围合成园，北面布置有住宅、书斋、祠堂等建筑物，建筑物之间以一狭长的规则的河道相隔，并以廊道、亭榭、水舍相连；南面则布置了庭院，形成了一个几何形构图的规则的狭长形的园林布局。

又如潮州"梨花梦处"书斋园林，园林分为南、北两部分，南部为书斋、北部为观戏处，两者都附有庭园，而且都以建筑或围墙围合成规则的长方形庭院。两个

岭南园林的特点

东莞可园

庭院以围墙间隔，有一圆洞门联系两部分。再如东莞可园筑于可湖旁，如浮水面，园地呈不规则多边形，园内不讲究轴线对位关系，占边把角，回环曲折，一楼、五厅、六阁、十五房、十九厅的建筑组合，平面灵活多变，立面高低错落，沿墙设以曲折游廊，中庭缀以山池花木，布局自由活泼，主庭以当地珊瑚石砌筑"狮子上楼台"假山为主景，造型别致风趣。为借园外景色，览远畅怀，又在园西的可轩之上重楼架屋，建筑了高达15.6米的邀山阁。远近诸山、沙鸟江帆，莫不奔赴、环立于烟树出没之中，去来于笔砚几席之上。

（三）建筑轻盈，装修精美

在建筑形式上，岭南园林亦有比较鲜明的特色：通透开敞、体型轻盈、大方朴实、体量较小。然而岭南园林装修精美、华丽，大量运用木雕、砖雕、陶瓷、灰塑等民间工艺、门窗格扇、花罩漏窗等都精雕细刻，再镶上套色玻璃做成纹样图案，相互结合，灵活运用，在色彩光影的作用下，犹如一幅幅玲珑剔透的织锦。在建筑的色彩装饰格调上，岭南园林艳丽多彩、纤巧繁缛，建筑物的体量不大但装修装饰雕镂精美华丽，红、澄、青、绿等各种色彩交错运用，相互辉耀、绚丽多姿。此外，岭南园林的布局形式和局部构件还受西方建筑文化的

番禺宝墨园一景

影响，如中式传统建筑中采用罗马式的拱形门窗和巴洛克的柱头，用条石砌筑规整形式水池，厅堂外设铸铁花架等，都反映出中西兼容的岭南文化特点，如清晖园和潮阳西园。

岭南园林的代表"粤晖园"充分体现了传统的岭南园林艺术特色。园中凿有一池，临池建造了主体建筑的船厅，以现代园林小品相点缀，力求将广东传统园林建筑中的石雕、木刻的造型形式和简洁、抽象化的现代造型艺术相结合。

（四）布局巧妙，诗意盎然

岭南私家庭园布局采用建筑包围园林的形式，即以建筑空间为主的庭园造园，

顺德清晖园

岭南园林的特点

番禺宝墨园凉亭

规模比起江南园林来要小得多。宅居和园林融为一体，表现出园主人追求日常生活中的实际。庭园设置不在乎大与全，而在于实用，庭园功能是以适应生活起居要求为主，适当地结合一些水石花木，以增加庭园的自然气氛和观赏价值。这两种造园的形式和指导思想，也就是岭南庭园和江南园林本质上的区别。

传统的岭南园林常用的布局手法是在建筑庭院中凿池置石、周边间以四时花木点缀、并配植以高大乔木留荫，亭、廊、桥、舫、景门、花窗等园林建筑则穿插布局，结构精巧、色彩艳丽，空间通透开敞。为了达到既在功能上经济实用，又在景观上"小中见大"

的效果，园景构图上常以缩小尺度的山、池、亭、桥、路等来扩大空间感觉；理水方式以聚为主，池岸较为规整；巧用景门、景窗、假山、石洞等障景、框景来增加景深层次；辅之迂回小径延长游览路线。园林空间组合灵活多变、过渡自然，建筑小品意境含蓄多姿。例如建于 1871 年的番禺余荫山房，就以小巧玲珑、诗意盎然的独特风格而被誉为岭南四大名园之一。全园布局精巧，以藏而不露、缩龙成寸的手法，将画馆楼台、轩榭亭桥、假山碧池尽纳于三亩之地，小中见大，浅中见深，幽旷兼收。园中回环幽深、虚实相映的亭台池馆、山石花木，借助诗文题咏的点染开拓，达到了隐小若大、静中有动的审美效果。其造园意境恰如门联所题："余地三弓红雨足，荫天一角绿云深"，令人遐思无穷。

此外，岭南宅园观赏路线的布置也别具一格，多为环形路线，通常以连廊、房屋、走道绕庭园山池一圈，厅堂、曲廊、亭榭等建筑物大都兼有观赏和交通双重功能。

（五）西方建筑文化的注入

岭南园林作为中国三大园林体系的一个分支，继承了中国古典园林"源于自然、高于自然"的传统思想，但由于岭南地区特殊的自然地理环境和开放兼容的文化性，借鉴

番禺宝墨园石桥

黄遵宪故居——人境庐

西方园林规则整式的思想，形成了岭南园林的独特风格。岭南园林在布局手法上是以中国传统园林为基础，并吸收了西方园林几何规则形的布局。园林布局规整严谨，甚至连庭院路径也采用规整的形体图案，例如梅州市晚清诗人黄遵宪的故居——人境庐，则采用了不规则的几何图形，体现了岭南园林布局手法的重要特征。

岭南近代营造的私家园林——潮阳西园是一个中西合璧的典型代表。西园的总体布局不同于中国传统的造园手法，大门西向，进门就是开阔的水庭，正对大门的水面布置有六角亭一座，在西园北端的为

岭南园林融入了经世致用的造园理念

两层住宅，住宅南北朝向，面向中庭，布局对称规整，平面基本上是潮汕民居的五间加边房式，但吸收了西式建筑的布局格式。建筑取消内天井，代之以内廊组织的洋楼式住宅，中西结合、因地制宜、相互交错、巧妙经营。

（六）文化内涵丰富

岭南园林造园只要"万物皆备于我"，便可接纳融合，这既有孔子"文之以礼乐"的思想，又有老庄"原天地之美"的思想，而随着明清商业经济和对外贸易的发展，经世致用的造园理念和"西学东渐"的造园手法也融入岭南园林之中，显示了岭南园林海纳百川的胸怀和多重多元的文化内涵。岭南

因人工而积淀的文化被归结为海岸文化和热带文化

园林文化有因自然而上升的文化，有因人工而积淀的文化，前者可归结为海岸文化和热带文化，后者可归结为远儒文化和世俗文化、享乐文化和商业文化，开放文化和兼容文化，贬谪文化和务实文化。由自然而上升为文化的方面，如建筑的高活动面和高柱础与水涝和湿气的关系，缓屋面和台风的关系，宽檐廊与多雨的关系，高墙冷巷与高温的关系，龙形、鱼形、水草、龟、蛇、芭蕉主题与装饰的关系，塑鼓石与海蕉的关系，崖瀑潭局与自然山水的关系等等，可资利用则模仿自然之物之景，有弊有害则千方百计通过设计回避或化害为利，如古榕遮荫、椰林通风、敞厅纳凉等。

潮州西湖

贬谪文化和务实文化源于历代受贬于此的正直官员爱民如子、与民同乐思想与行动的统一。古代的岭南开发较晚，从秦代开始，统治者多为北来贬官，三国的虞翻建虞园，苏轼修惠州西湖、海南载酒堂就是明证，韩愈在潮州游北城山水时说"所乐非吾独，人人共此情"，林票在辟潮州西湖时说"一以祈君寿，二以同民乐，三以振地灵起文物"，都表达了开拓务实、勤政爱民和与民同乐的思想。园中的景点如谪官湖、超然亭、逍遥亭、望野亭、勿幕亭、吏隐亭、望阙亭、六如亭等表达了悲观厌世的情绪。"拼命工作、尽

潮州西湖莲花池

潮州西湖

潮州西湖的凉亭犹如一颗
明珠镶嵌在水面

情享受"是岭南人的人生观，他们不重视政
治和意识形态的逻辑性，而重视直观和感性，
于是，园林中的景观富于形象、情节、趣味
和猎奇，舍得旅游是岭南人的享乐文化特点，
把景观费用纳入衣食住行之中成为不成文的
习惯，这也是该地主题公园门票最贵却一直
游客爆满的原因之一。

四、岭南园林的构成要素

（一）山

桂林园林

岭南园林很早就开始叠石造景，南汉时期已具有相当高的艺术水平。到了清代，岭南园林石景更发展到炉火纯青的境地，许多园林都是这一时期的作品。岭南园林由于规模小，故很少布置土山，而是以石为山，因此假山石景成为庭园的主要景观。岭南的掇山叠石多以观赏性为主，实用娱乐性较弱，假山独自成景并不多见，而是多与池水、建筑、植物共同组成园林景观。

岭南庭园的造山，常利用当地的山石和海石，通过各种手法，构成不同的景观效果，或叠石造景，或立石成峰，或布点散石，顺合自然意趣。岭南园林非属山性，园山有几种：一是崖瀑潭局中的悬崖，如清晖园的九狮山和凤来峰；二是海礁局的礁岛，如佛山梁园中的龟石和湖心石；三是鼓石潭局的鼓石岛，如万石植物园的万石湖中真鼓石和南湖公园中的塑鼓石；四是一般的堆山，如清晖园的"斗洞"、佛山梁园的"苏武牧羊"、海口五公祠中的珊瑚石山。岭南园林较少以土堆山，即便是现代公园也是如此，多因水为水，因山为山，如桂林园林中的真山水，几乎不改造。

台湾日月潭

（二）水

岭南园林属水性，理水成多种格局：一是崖瀑潭局中的石潭和瀑布，如白天鹅宾馆中的故乡水和水潭以及广州山庄宾馆的三叠泉；二是湖景，如惠州、潮州、雷州、福州、泉州的西湖，肇庆星湖，广州流花湖、东山湖和荔湾湖等；三是潭，与崖瀑潭局不同的是没有瀑布，水面较阔，如柳州龙潭公园的龙潭和雷潭、台湾日月潭；四是流觞之曲水，如广州雕塑公园中的云溪；五是井泉，如广州的廉泉和贪泉，柳州鱼峰公园三姐楼院中的井栏等；六是一般水池。

水庭造园是岭南理水的主要艺术手法，

广东中山詹园

柳州龙潭公园

岭南园林的构成要素

番禺余荫山房小姐楼

其几何曲线形水池造型是岭南园林的特色之一，这自古如此，秦汉时期的南越王宫御花园的水池和水渠池形就已是规整的几何形体。近代，在西方造园思想的影响下，岭南园林的理水手法不同于江南园林那样，用自然的池形水面，其理水方式是以聚为主，池岸和水池形式较为规整。例如岭南名园番禺余荫山房是由两个规整形状的水池并列组成水庭，面积约有二百多平方米，水池的规整几何形状显然是受到西方园林水池布置的影响。

（三）石

在传统的岭南庭园中，各种石景的处理艺术也独树一帜。石是岭南园林中的一个重要的造景要素，因所处地理位置的关系，形成了岭南人酷爱石头并将千姿百态、玲珑奇巧的石头作为园中的一景，几乎是无园不石。而岭南园林叠石的手法也有很强的人工味，如广州西关石景"风云际会""东坡夜游赤壁"等，不但增加了庭园的自然野趣和层次感，还创造了庭园的优美感。

岭南园林石材和理石与江南及北方园林不同，石材有广西湖石、广东黄腊石和英石、闽南花岗石、海南珊瑚石、台湾咕咾石等。岭南理石不向上堆叠，而向水平展开，分为置石法、堆石法、挂壁法。置石法为黄腊石、湖石和花岗石，分平置、抛石和埋石三法。石身置于土上，如随意抛置而成，故云抛置，如金茶花公园；石根入土半截以下，称为平置，如湖里公园；石根超过一半没入土中称为埋石，如南山寺。堆石法多为用于湖石或珊瑚石，如汕头中山公园海礁石山、海口五公祠珊瑚石山、台湾吴园咕咾石山。叠石法主要用于英石的壁山做法，称挂壁法，最富岭南风韵，如广东潮阳西园的壁山叠石，仿海鸟景致，一潭池水模拟海面弯曲的堤岸呈现出渔岛的轮廓线，假山叠砌的渔岛峰峦起伏，峭壁悬崖，小道蜿蜒可登峰顶，下有水晶宫可观彩鱼。依壁石景独具匠心使人百游不厌、津津有味。

（四）植物

岭南地区因其地理位置，从温度、湿度、雨量、日照、土壤等自然条件方面均有利于花木的生长，所以观赏植物繁多、品种丰富，一年四季，随处可见树绿花红，

炮仗花

番禺余荫山房气势磅礴的大门

形态美观，花团锦簇，灿烂活泼。

树有棕榈类的大王椰、假槟榔、大王棕、酒瓶椰；有藤本的炮仗花、夜来香、麒麟尾、紫藤、簕杜鹃、绿萝；有耐阴的蕉类、芋类、蕨类、葵类；有果木如荔枝、芒果、香蕉、芭蕉、凤眼果等，还有广东著名"十香"之称的白兰、米兰、珠兰、含笑、夜合、夜香、瑞香、茉莉、素馨和鹰爪等。

岭南名园番禺余荫山房，环绕八角亭的水渠两旁以园径及花池花基划分几何图形的花圃，散点山石，植白兰、荔枝、大树菠萝等花果树木及盆栽，花木扶疏，透过桥廊，相互掩映多致。深柳堂前廊伸出西式铁铸通花花檐，堂前月台左右各植炮仗花（迎春花）树一株，经一百多年风雨，古藤缠绕，茂盛苍劲，每逢春节期间满檐红花烂漫，宛如红雨一片，点缀山房景色，堪称一艳。

（五）建筑

中国的传统造园是以自然取胜，通过叠山理水，植物配置，浓缩自然山水美景。而岭南园林则强调以建筑、装饰、小品、植被综合取得艺术效果，而这种效果在很大程度上表现为人工的艺术。例如潮阳西园，西园临街开门三间，采用潮汕传统门房式；前有凹门廊，后有宽敞门厅，适应岭南多雨气候；然而门房造型却为西洋平顶柱廊式。

从类型上看，有碉楼、船厅、廊桥等。碉楼源于碉堡，如可园邀山阁、清晖园留芬阁和立园毓培楼；舫除了江南园林似的

番禺余荫山房曲折的长廊

番禺余荫山房细腻精致的石雕

石舫外，还有岭南的舫，如宝墨园的紫洞艇，更有与众不同的船厅，把客厅与楼结合，略带船意，多为千金小姐用，故俗称小姐楼，如清晖园和余荫山房就是如此。亭的做法很不规范，千奇百怪，或用回廊、围墙围合的，或用角梁与枋穿插的，或少数民族式、俄罗斯式或西欧式。桥在古典园林中多与廊结合成为廊顶石拱桥，如余荫山房为典型，另有少数民族的风雨楼和山区的索桥。

就组合方式看，用"高墙冷巷"把建筑院落进行多进多庭院组合，或用"连房博厦"把建筑与庭院连为一体；就单体形态看，多高柱础，宽檐廊，厚实墙，青瓦顶，压瓦砖，翘正脊，花玻窗，砖雕窗，灰塑门；就装饰

順德清暉園大門

来看，最典型的是"三雕三塑"，即木雕、砖雕、石雕，陶塑、泥塑、灰塑。古典园林中三雕三塑遍布全园，在门头、门联、窗楣、基座、台案、檐口、檐柱、月梁、瓜柱、雀替、坐靠、栏杆、屋脊等处，其中以灰塑和砖雕最具岭南味，如清晖园中的"苏武牧羊"灰塑和板桥花园中的瓜果砖雕漏窗。

（六）字画

岭南宅园中，文人雅士也在追求园林意境，景观景点喜用点题来表达意境，如题名、匾额、对联等。古园的字画相对较少，现代园林中更是少用，但也不乏佳作，如惠州小桃园后门联"不深不浅湖水，半砖半阁人家"；荔湾湖公园海山仙馆有联"荷花世界，荔子光阴"；可园邀山阁联"大江前横，明月直入"、可园雏月池馆联"大可浮家泛宅，岂肯随波逐流"、正门联"十万买邻多占水，一分起屋半栽花"；人境庐息亭联"有三分水四分竹添七分明月，从五步楼十步阁望百步长江"；惠州西湖六如亭联"不增不减不生不灭不垢不净，如梦如幻如泡如影如露如电"等。这些字画起到了画龙点睛的作用，有助于游人领会园景景趣，激发人的联想，使人玩味无穷。例如余荫山房的主人邬彬曾为园林建筑玲珑水榭的精美景致而题有一副对联："每思所过名山，坐看

广州荔湾湖公园

奇石皱云，依然在目；漫说曾经沧海，静
对盼漪印月，亦是莹神。"这说明了岭南
造园追求园林意境的美学和艺术思想。

（七）盆景

盆景是岭南园林不可或缺的特色元
素。据史料记载，宋哲宗亲政时，苏东坡
被贬广东，他一到惠州，就赋诗大赞"岭
南万户皆春色"。到了清代，盆景艺术已
普及于民间。《琼州府志》记述："九里香，
木本，有香甚烈，难长，选最短者，制为
古树，枝干拳曲，作盆盂之于，有寿数百
年者。"盆景对岭南园林庭院式园林风格
影响可见一斑。山石盆景成为佛山梁园的
最大特色。佛山规划中的历史文化街区，
将围绕梁园扩建的文化街区作为佛山创建
历史文化名城的重要组成部分，"十二石
斋"仍然是今日梁园最吸引旅客的景点之
一。岭南盆景的创作思想是崇尚自然，以
自然界的树木形态（最先是以几百年古老
的荔枝树）为师，以达到形似，所以在观
赏岭南盆景时，会觉得无论是古拙嶙峋的
大型树或是飘逸潇洒的画意树都会给人一
种天然古朴的印象。

盆景是岭南园林不可或缺的特色元素

岭南园林的构成要素

顺德清晖园小姐楼

（八）岭南园林材料和细部中的西方元素

岭南园林中的建筑造型及装饰纹样亦常仿西式，如建筑局部的西洋古典装饰——拱形门窗、欧式柱头、西洋式护栏构件、铁枝花饰样等等，构件预制化，也是外来文化的影响。四大名园的隔扇都镶嵌套色玻璃这一舶来品，不仅成为四大名园中最为亮丽的一道风景线，也是岭南私家园林善于吸收外来文化的最好例证。余荫山房的深柳堂、可园的双清室（亚字厅）、清晖园的小姐楼、梁园的群星草堂等众多园林建筑都使用了西式进口的套色玻璃和古色古香的满洲窗，成为中西文化交融的一个典范。

余荫山房的紫兰色玻璃透过不同玻璃块观园景，会有春夏秋冬四季景致之变，红橙色的有若丽日满堂，草绿色的有如榕荫匝地，靛蓝色的又似白雪封天，色、影的运用使室内增添不少情趣，给人以一种清奇古雅的感受。此外，四大名园中还有很多建筑小品、建筑构件及建筑雕饰装修都运用了西方的手法。例如余荫山房和清晖园的某些园林小品，像小姐楼运用了西式花瓶状栏杆等。再如清晖园中船庭仿珠江上紫洞艇而建，具南方水乡特色，中式传统建

番禺余荫山房精致的门窗

番禺余荫山房深柳堂

岭南园林的构成要素

顺德清晖园彩绘窗子

筑中采用罗马式的拱形门窗，巴洛克柱头等也反映出中西文化兼容的岭南文化特点。可见，善于吸收外来建筑材料、技术和工艺于一身，融中西混合的装修装饰手法，成为岭南园林的一个特色要素。

顺德清晖园水榭

五、岭南园林的代表作

广州陈家祠精美的建筑

（一）广州陈家祠堂

1. 简介

陈家祠堂，俗称陈氏书院，位于广州中山七路，是全国重点文物保护单位，始建于清光绪十四年（1888年），建成于光绪二十年（1894年），是广东省陈姓族人捐资兴建的合族宗祠。清代中叶以后，广东各县多在广州建书院，以供同宗子弟读书或参加科举考试，又是祭祖的宗祠。该祠规模宏大，装饰华丽，是广东现存规模最大、保存最完整、装饰最精美的古代艺术建筑，是广东富有代表性的清末民间建筑。

陈家祠堂占地15000平方米，其中主体建筑面积6400平方米，呈正方形，以"三进三路九堂两厢杪"布设，穿插六院八廊，以大门、聚贤堂和后座为中轴线，通过青云巷、廊、庑、庭院，由大小十九座建筑组成的院落式建筑群，各个单体建筑之间既独立又互相联系。建筑组合之间隔，廊庑穿插。整组建筑规模宏大，布局严谨，厅堂轩昂，虚实相间，庭院幽雅，既体现了我国古代建筑的传统风格，又具有南方建筑的鲜明特色。

广州陈家祠长廊

陈氏书院集广东民间建筑装饰艺术之大成，全院的门、窗、屏、墙、栏、梁架、屋脊等巧妙地运用木雕、砖雕、石雕、陶塑、灰塑、绘画、铁铸等工艺，技艺精湛，题材广泛，造型生动，形象传神，琳琅满目。雕刻技法既有简练粗放，又有精雕细琢，相互映托，使书院在庄重淡雅中透出富丽堂皇。祠堂中的各种装饰，丰富多彩，题材广泛。其中有"竹林七贤""梁山聚义""牛郎织女"等历史故事和民间传说。还有"五福捧寿""三羊开泰"等象征吉祥如意的珍禽瑞兽和花草图案；还有"羊城八景""渔歌晚唱"等岭南山川见物以及菠萝、木瓜、荔枝、杨桃等岭南佳果。

2. 主要景点

（1）聚贤堂

位于书院主体建筑的中心，堂宇轩昂，庭院宽敞。梁架雕镂精细，堂中横列的巨大屏风，玲珑剔透，为木刻精品。中进聚贤堂屋顶上的陶塑瓦脊长 27 米，全高 4.2 米，是清代广东石湾陶塑商号文如璧的作品。堂前有白石露台，石雕栏杆嵌以铁铸的花卉等图幅。

（2）砖雕

主要装饰在墙檐下、门楣、犀头和檐墙上，也有作为花窗的装饰。广东砖雕雕制前先由艺人逐块挑选，然后依据整幅图层次的多少，将青砖按层排列，依次筑出所属部分的纹样，最后逐层逐块嵌砌在墙上，形成多

广州陈家祠水浒梁山义士砖雕

广州陈家祠水浒梁山义
士砖雕

层次的画面。其雕刻技法往往把握了圆雕、高浮雕、减地浮雕、镂空结合运用，其中尤为突出的是深刻技法、线条规整而又流畅自如，纤细如丝，故又被称为"挂线砖雕"。

陈氏书院主体建筑正门两边的外墙上，有6幅大型砖雕如"梁山聚义""梧桐杏柳凤凰群"等，其画内建筑物雕工精细、层次分明，人物神态各异、形象生动，花鸟栩栩如生，其砖雕技艺为近代罕见，可说是惊世之作。

（3）木雕

陈氏书院中木雕数量最多，规模亦大，内容丰富。首进头门梁架上雕有"王母祝寿""践土会盟"等取材于历史故事和民

广州陈家祠砖雕

间传说的木雕。其中为突出的是《三国演义》中曹操大宴铜雀台一组，描绘曹操坐在铜雀台上观看校场各员大奖比武的场面，突出刻画了徐晃与许褚在比武后为了锦袍而争夺难解难分的情景，人物生动传神，引人入胜。

此外各座厅堂、走放廊的梁架、雀替以及那长达540余米的檐板上雕刻的各种瓜果、花纹图案、人物、动物等，无不凝聚了广东木雕的精华。尤具特色的还有第二进后侧长廊上的柚木屏门双面镂雕，分别雕有历代历史故事和民间传说"三顾茅庐""赤壁之战"等20幅木雕，被赞誉为"木刻钢刀雕就的中国历史故事长廊"。

广州陈家祠砖雕

广州陈家祠砖雕

广州陈家祠砖雕

（4）石雕

陈氏书院的石雕主要是采用麻石石材，多用于廊柱、月梁、券门、栏杆、墙裙、柱础和台阶等地方。聚贤堂前的月台石雕栏杆，是书院石雕装饰工艺的典型，它融合了圆雕、高浮雕、减地浮雕、镂雕和阴刻等多种技法，以各种花鸟、果品为题材，用连续缠枝图案的表现形式进行雕饰，又把双面铁铸通花栏板嵌入栏杆中，使呈灰白淡雅的栏杆在色调深沉的铁铸栏板映托下，对比鲜明，主题突出，极富装饰效果。在其他的石雕装饰中，如月梁、隔架、雀替、墙裙、檐廊栏杆及台阶垂带，都具有浓郁的地方特色。还有大门前的一对石狮，石匠运用圆润简练的线条雕琢成形体活泼、神态祥和、笑脸相迎的瑞兽，这是广东地区石狮造型的代表。

3. 评价

1959 年，陈氏书院被辟为广东民间工艺博物馆，以搜集、保藏、研究和宣传展览广东地区历代各类民间工艺品为主。馆内辟有多个展厅，常年展出馆藏文物，展品有陶瓷、雕刻、刺绣等工艺精品。其他工艺品种类更多：有广州珐琅、金银工艺、套色蚀花玻璃；

有佛山灯色、剪纸、木刻、门面等；有潮州面塑、稿末塑、麦秆贴画的剪纸；有阳江、潮汕、佛山地区的漆器以及少数民族地区工艺等；还设有近代家具、书画、文房四宝、茶艺等展厅、专室。

陈家祠堂各种雕刻图案题材广泛，造型生动逼真，雕刻技艺精湛，用笔简炼粗放却又精雕细琢。这些石雕、陶塑、灰塑等艺术以特色鲜明、工艺精美、精品琳琅满目而称雄岭南。郭沫若曾赋诗赞美陈氏书院的建筑艺术："天工人可代，人工天不如。果然造世界，胜读十年书。"可以说，陈氏书院不愧为一座宏伟瑰丽的民间工艺建筑宝库。

（二）顺德清晖园

1. 简介

顺德清晖园与佛山梁园、番禺余荫山房及东莞可园并称为清代广东四大名园，而清晖园居四大名园之首，被列为中国十大名园之一。它位于广东顺德市大良镇华盖里，占地约五亩多，属省级文物保护单位，整体风格以雅致古朴著称，是一座已有三百六十余年历史的古典园林。

顺德清晖园

清晖园虽只有五亩多，但却容纳了丰富的景色，小中见大，以小胜大。园内景致清雅优美，花木种类近百,四季常青，四时换景，品种丰富，多姿多彩，极富粤中特色。建筑造型轻巧灵活，别具匠心，各具情态，灵巧雅致，开畅通透，利用碧水、绿树、古墙、漏窗、石山、小桥、曲廊等与亭台楼阁交互融合。其装修丰富多变，几乎无一处雷同。图案题材都选择岭南特色瓜果，雕刻巧而不纤，美而不俗。门洞亦精妙无比，以立式酒瓶和圆形门洞为主，每门有变，每门联额，最佳处为上凤来峰的山道上，一转折一门洞，洞形如笑中弥勒。主要景点船厅、碧溪草堂、澄漪红蕖

顺德清晖园

书屋、澄漪亭、惜阴书屋、竹苑、归寄庐、笔生花馆、斗洞、红蕖书屋、读云轩、沐英涧、留芬馈等。倘佯其间，步移景异，令人流连。

清晖园集我国古代建筑、园林、雕刻、诗书、灰雕等艺术于一身，突出了我国庭院建筑中雄、奇、险、幽、秀、旷的特点。它既融汇了中国古典园林的许多传统的优点，又独具岭南私家园林特色，集明清文化、岭南古典园林、江南园林、珠江三角洲水乡特色于一体，是古园改造中最成功的一个。

2. 渊源

明万历三十五年（1607年），顺德黄士俊中了状元，后来官至礼部尚书、大学士。天启元年（1621年），他在原太艮城（今顺德）南郊修建了黄家祠和天章阁、灵阿之阁，环之以花园。这是清晖园最早的规模。

　　清乾隆年间，黄家衰落，天章阁和灵阿之阁被进士龙应时购得。后来他将庭园中部分给其子龙廷槐，左右两部分给龙廷梓。嘉庆五年（1800年），龙廷槐辞官南归，筑园奉母。嘉庆十一年（1806年）秋，廷槐请书法家李北洛写"清晖园"三字塑于西园门上方，诗有言"谁言寸草心，报得三春晖"，以喻父母爱子之情如日之晖。龙家人从应时、廷槐、元任、景灿到渚惠，历五代而苦心修园，使清晖园成为颇具规模而又独具特色的岭南私家园林。民国时该园毁损厉害，1959年修复，后又重修多

顺德清晖园是广东四大名园之一

岭南园林的代表作

次。虽现清晖园只有中部为原物，但改造深得岭南要旨，以庭院划分、空间开敞和万物流动独树一帜，尽显了岭南庭院的精髓与江南园林之特色。

3. 主要景区

（1）花亭小蓬瀛景区

花亭小蓬瀛景区在南入口处，建筑较乱，空间局促，花亭有"狮子回头"湖石，大狮回头，小狮相伴。水中立方亭，池岸高深，非上乘之作；笔生花馆、小蓬瀛、归寄庐、木楼利用檐廊连接、高台起屋、室外楼梯等方法造成高低错落、左转右折的幽深感；竹苑圆洞门泥塑对联"风过有缘笛竹韵，月明无处不花香"，路旁另有岭南的英石门洞"斗洞"。

（2）碧溪草堂景区

是清晖园的水景区，方形水池边筑一堂、一屋、一楼、二亭。堂曰"碧溪草堂"，说是草堂却不草，与可园"草草草堂"相似；澄漪亭和六角亭突入水中；一楼指小姐楼，为船厅，不像江南园林的舫单层且长边靠岸，而是双层。立面敞式格扇，二层平座，船头

碧溪草堂

红蕖书屋景区

向岸，只取神韵而已，仿当年珠江的名船
"紫洞艇"。

（3）红蕖书屋景区

有水池景和假山景二佳处，假山用珊
瑚构成，内为洞，设坐几，为避暑之地；
整座假山被杂草灌木覆盖，极其自然。池
区有池边方亭和六角亭，方亭边有英石假
山，六角亭名为一勺亭，表一勺见海之意。
池岸用英石砌成，有石笋和石矶立于水中，
一派海岸风光。

（4）留芬阁景区

长廊围合的留芬阁景区以留芬阁为中
心，阁为两层碉楼式，有联"红情绿意
花之态，黄卷青灯学者家"。阁底设附屋，

凤来峰

题一联"幽兰贰室，修竹万山"，额板和联板皆用泥塑，额为葡萄叶果，联为水仙花篮；额板绿，联板红，妙不可言。附屋前小桥束水，曲廊蜿蜒，廊梁架驼峰与此同时蜀柱用一木雕成，刻岭南花果，雀替亦用透雕，色彩艳丽。附屋旁开池堆山，山上泻瀑，题名"九狮山"。

（5）凤来峰景区

凤来峰山峰用湖石构成，题"凤来"两红字，方亭据顶，崖临潭，白色矶石之间有汀步石可渡，崖上瀑布飞流而下，甚为壮观。水池一侧更有一石拱桥，做法与入口石桥一样，半是栏杆半是墙，墙上有巨型漏窗，虚多实少，几何图案，曲线脊线，成为岭南园林的桥墙典范，现代公园中许多桥都是仿它而作。

透过桥边漏窗，隔壁还有一方池，绕廊

前行，半廊的方形漏窗把墙外的花木景石透过来；廊端有一门洞，泥塑联板上题一联"清风遇竹有生面，流水娱人无尽期"；透过修竹，可见影壁是一幅金鱼泥塑图，侧有芭蕉叶状联板题联一幅；出廊见方形水池周边建筑进退有致，条石驳岸，矶石占角，石间有灌木丛生，此地规整与凤来峰下的自然形成对比。

（三）番禺余荫山房

1. 简介

余荫山房，又名余荫园，位于广东番禺南村镇，是岭南四大名园中保存最完整的。全园建筑面积仅有近 2000 平方米，是四大名园中最小巧玲珑的，也以此建筑风格而著称。景色精巧别致、清幽宜人，将我国古典的京、苏园林风格和岭南情调相融，是不可多得的园林艺术珍品。2001 年 6 月 25 日，余荫山房作为近现代重要史迹及代表性建筑，被国务院批准列入第五批全国重点文物保护单位名单。

2. 历史

余荫山房于清代同治六年（1867 年）兴建，1871 年建成，距今 130 多年。山房故主邬彬，为清朝举人，官至刑部主事、员外郎，其二子先后中举，时人誉为"一门三举人，父子同登科"，告老还乡之后建园，因感怀祖先福荫，故名余荫山房。园门题"余地三弓红雨足，荫天一角绿云深"，为岭南园林

番禺余荫山房建筑独具特色

第一联，表明不求园广但求福荫、终得一门三及第之意。

3. 主要景点

（1）虹桥印月

余荫山房园景可分为东、西两半部，以游廊式拱桥为界。这座拱桥是桥、廊、亭"三合一"的杰作，表现了设计者的独到构思和造园者的高超技艺，这一美景称为"虹桥映月"。在月朗风清之夜，月影、桥影、人影在荷花池中相映成趣，构成动人心弦的画卷。

（2）深柳堂

余荫山房西半部以长方形石砌荷池为中心，莲池西北的深柳堂是主体建筑。深柳堂前左右各有一老榆树合古语"万柳读书堂"，树坛成盆状。堂前花架下还有一棵与余荫山房同龄的炮仗花，藤干粗如树，每逢春节前后开放。前檐廊宽敞，室内极尽奢华之能事，有透雕门罩、隔断、玻璃窗花、扇面窗花、书画联题，真是琳琅满目，与对岸原为藏书之地的临池别馆的收敛和清爽形成对比。深柳堂有联"鸿爪为谁忙，

番禺余荫山房深柳堂

番禺余荫山房八角亭

忍抛故里园林，春花几度，秋花几度；蜗居容我寄，愿集名流笠屐，旧雨同来，今雨同来"，38字写出园主希望广邀雅士，不论贫富新旧，欢聚一堂的心情。

深柳堂是全园装饰最豪华的地方，堂中木刻精品"松鼠菩提"为双面木雕；堂前镶嵌满洲窗格墙壁，古色古香，三十二幅桃木扇隔画橱；碧纱屏风皆为著名木雕珍品，紫檀木屏上有清代大学士刘墉及晚清广东三大才子刘山舟、张船山、翁方纲等名人的诗句手迹；西侧供有咸丰皇帝敕封园主的圣旨长匾。

（3）八面亭

庭园东部为水苑，与其说是一个水池，倒不如说是一湾曲水，因为池中庞大的玲珑水榭立于水中，榭平面与池平面一样是八角，只留下一米多宽的水面。水榭用上等木头做成，八面有"八面玲珑"之意，又名八面亭。室内宽敞实用，宜坐卧走动，是会客吟咏之所。

水榭周边有八景：东面丹桂、东南杨柳、南面蜡梅、西南石林、西面虹桥、西北卧庐、北面兰径，诗云"丹桂迎旭日，杨柳楼台青。

番禺余荫山房内景

蜡梅花开盛，石林咫尺形。虹桥清辉映，卧瓢听琴扬。果坛兰幽径，孔雀尽开屏"，诗境与美景一体，让人流连忘返。

（4）孔雀亭

东部水苑围墙下做一水口，立镇水亭，因养孔雀而名孔雀亭。歇山顶，竹栅栏，与其说是建筑，倒不如说是鸟笼，亭于沟上，鸟粪可直接入沟冲走。水榭太大，观赏视距太近；雀亭太小，小于人的尺度，这反映了岭南园林舍美观而取实用的空间经营趋向，岭南人美其名曰"实用美学"。

（5）瑜园

1922年园后主在南面更立一园，名瑜园，俗称"小姐楼"，与清晖园的小姐楼一样为两层的船厅，瑜园面积只及山房的一半，以建筑为主，庭院为辅。第二层有

番禺余荫山房园中亭台楼阁、堂殿轩榭、桥廊堤栏、山山水水尽纳于方圆三百步之中

玻璃厅，可俯视山房庭院景色。院中有小型方池一口，船厅前临方池，船楼前跨池面，后达界墙，左右两旁大院小院设有花台盆景。现已归属余荫山房，两园并在一起，起到了辅弼作用，宅院也有门联："书田菽粟皆真味，心地芝兰有异香。"

4. 特色

（1）布局轻巧别致

余荫山房的布局精巧别致。它以"藏而不露"或"缩龙成寸"的手法，将亭、台、楼、堂、馆、轩、榭、桥、廊堤、石山、碧水尽纳于三亩之地，布成咫尺山林，区区弹丸之地已把中国园林建筑中的所有内容全都包含在里面。

余荫山房以水居中，环水建园，架廊桥

把东西南北景物连贯起来，为岭南园林经典。桥两头各题浣红和跨绿；条石起拱，桥栏朱红，堤栏紫褐，桥廊高于堤廊，歇山顶、睡莲池、拱桥倒影恰成正圆，以池水平静和庭院幽静为美，堪称静态美的典范。

（2）景物设计独特

余荫山房每处景物的设计都匠心独运，寓意深长，使得小小的园林显得园中有园、景中有景，景景相扣，景色无限，进入曲径幽深，幽深广阔的绝妙佳境，令人"每思所过名山，坐看奇石皱云依然在目"。

番禺余荫山房笔直的长廊

山房不但楼台堂馆、亭榭轩桥、假山莲池皆备，而且回廊、花窗、影壁巧妙借景，或小桥流水，或山石森严，或窗含山色，又有满园花木，四时花果常新，奇花夺目，树木常青，阴凉幽静，顿使满园生辉。游人环水而行，深浅曲折，峰回路转，柳暗花明。而园中"夹墙竹翠""虹桥印月""深柳藏珍""双翠迎春"等四大奇观，使游人大开眼界，乐而忘返，常有似尽未尽之感。

番禺余荫山房

（3）建筑艺术精美

余荫山房的建筑艺术极为精美。花坛、墙壁、台阶、地面都有雕刻图案，园中之砖雕、木雕、灰雕、石雕等四大雕刻作品丰富多彩，精细素雅、玲珑可品，尽显名园古雅之风。在主要厅堂的露明梁架上均饰以通花木雕，如百兽图、百子图、百鸟朝凤等题材多样。此外，凡门必设楣，逢景必有联，全园的楣额、楹联达65款，在细部上下足了功夫，极臻雕饰，求精出巧。

（4）泥塑出彩夺目

从装饰上看，余荫山房是艳丽的泥塑，无论门头、窗楣、屋脊、墙壁、花坛、山墙都用了泥塑，而且色彩搭配喜欢用红、黄、绿三原色，在青砖墙的基调里特别明显。深柳堂山墙对面一屋有岭南山水图泥塑，两屋间距不足一米宽，连走路都有困难，更不用说站在正面欣赏它了。但是，它还是把图当成中堂来处理，有泥塑对联和额题。屋顶的几何形泥雕脊饰和花坛四周的泥塑更是令人惊叹不已。

（四）佛山梁园

1. 简介

梁园是佛山梁氏宅园的总称，是清代岭南

文人园林的典型代表之一，主要由"十二石斋""群星草堂""汾江草芦""寒香馆"等不同地点的多个群体组成，规模宏大，主体位于松风路先锋古道。

佛山梁园

园中亭台楼阁、石山小径、小桥流水、奇花异草布局巧妙，将住宅、祠堂、园林和谐地连结在一起，尽显岭南建筑特色。梁园素以湖水萦回、奇石巧布著称岭南；园内建筑玲珑典雅、绿树成荫，点缀有形态各异的石质装饰；不仅如此，梁园还珍藏着历代书家法帖。秀水、奇石、名帖堪称梁园"三宝"。

梁园尤以大小奇石之千姿百态、设置组合之巧妙脱俗独树一帜。其中的四组园林群体因各自构思取向不同而风格各异，各种"平庭""山庭""水庭""石庭""水石庭"等岭南特有的组景手段式式具备，变化迭出。与各建筑物和景区主题紧密结合的诗书画文化内涵丰富多彩，追求雅淡自然、如诗如画的田园风韵，园内精心构思的"草庐春意""枕湖消夏""群星秋色""寒香傲雪"等春夏秋冬四景俱全，各异其趣；展示文人园林特质的"石斋寄情""砚磨言志""幽居香兰""庄宅遗风"

群星草堂墙上挂着《寒香馆藏真帖》荐识

四景，将岭南古园林的多种文化意境，如雅集酬唱、读书著述、家塾掌教、幽居赋闲等多种文人文化生活追求表现得淋漓尽致，形成特有的岭南水乡韵味。

2. 历史

梁园由当地诗书名家梁蔼如、梁九章及梁九图叔侄四人，于清嘉庆、道光年间陆续建成，历时四十余年。时至民初，一代名园已濒于湮没。鉴于其历史、艺术和观赏价值，1982 年，佛山市委、市政府首先对现存的群星草堂群体进行了抢救保护，1990 年被定为省级重点文物保护单位，继而于 1994 年开始大规模的全面修复，现总面积达 21260 平方米，使名园重光成为现实。

3. 主要景点

（1）群星草堂

群星草堂是梁园的园中园，为梁九华所建，占地数千平方米，是梁园的精华。该园区内群星草堂、客堂、秋爽轩、船厅呈现曲折形布置于东北角；草堂内每天云集了当地的南音爱好者，他们在园中表演已成一道风景；船厅是一座两层楼，从二楼可纵观全园。

建筑精巧别致，引人入胜。虽体量不大，但却小巧精致。"半边亭"结构奇特，首层六角半边，二层四方完整，屋顶平缓，飞檐斗拱，可称是"求拙"之作。"船厅"三面为大型满洲窗，四周景物尽收眼底，真是斗室容环宇。更为突出的是"荷香小榭"，精美纤巧、四周通透、里外交汇，把天、地、人完全融为一体。

佛山梁园

建筑群的前院是著名的石庭，方形平面内布置着一群奇石，有英德石、太湖石；有危峰形，有怪兽形，高逾丈，阔逾仞，非数十人不能撼动，佳石名为"苏武牧羊""如意吉祥""雄狮昂首"等。石庭侧有水池，设两个水口，北者青石拱桥，东南角者青石平桥，皆为镇水之用。群星草堂南部有低岗一座，山岗上筑一方亭，亭周有湖石堆道；园路景石多为孤立湖石，或卧或立，不甚统一；园中种有罗汉松、枇杷、凤眼果、九里香等。

（2）汾江草庐

为梁九章的弟弟梁九图所建，占地10000余平方米，主要由池塘、汾江草庐、无暇堕斋、个轩笠亭、石舫、韵桥、书舍、

汾江草庐

水榭、湖心石组成。汾江草庐以池塘为中心，池中置有湖石多个，其一为湖心石，以透瘦皱漏见长；另有几个龟石和鹤石，也是湖石，伏式石矶形式。为观湖心石，梁九图于1849年4月建石舫一座，后湖心石与舫俱毁，现舫和湖心石是近年再建的，泊于水中的石舫为南方风格，内外刻有古代故事，置石桌石几。

汾江草庐的水石运用可说是别出心裁：既有一般的叠石置景，又有独石成景；既有潺潺流水，又有一泓湖水，碧水中，成群的金鱼、锦鲤时浮时沉，湖面涟漪连绵，这静中有动的景观，令人赞叹。汾江草庐的建筑物以石庭、山庭、水庭为基调，建筑宽敞通透，

四周回廊穿引，采用"移步换景"之法引
人入胜。如荷香小榭位于湖岸边，站立于
小榭屋檐下，面对铺满荷叶和荷花的湖水，
一片碧绿中的点点粉红，令人心醉。小榭
高四米余，木结构，门楣及窗都饰以木雕，
门窗镂空，图案则是荷叶、荷花，既优雅
精致，又与湖中的荷叶、荷香互相呼应，
令人对设计者的良苦用心赞叹不已。

（五）东莞可园

1.简介

东莞可园始建于清代道光三十年
（1850年），位于东莞市城区博厦，是广东
省文物保护单位。可园创建人张敬修，官

至江西按察使署理布政使，为既文且武的官员，他金石书画、琴棋诗赋样样精通。他起家于率军镇压太平天国起义，归乡之后，把战争中贪得的横财十万两白银造可园，正如他在门上写的对联"十万买邻多占水，一分起屋半栽花"。张敬修在可园时，常邀张维屏、简士良、徐三庚等在园内联吟、颂赋、传艺。居廉、居巢在可园作画十年，其学生高剑父、高奇峰、陈树人等创立了岭南画派，使可园成为岭南派的策源地之一。

可园面积小，设计精巧，在面积19800平方米的土地上，把住宅、客厅、别墅、庭院、花圃、书斋，艺术地结合在一起，山水桥榭，亭楼馈，厅堂轩院，一应俱全。外缘

东莞可园

呈三角形，绕以青砖围墙。园内有一楼、六阁、五亭、六台、五池、三桥、十九厅、十五间房，其名多以"可"字命名，如可楼、可轩、可堂、可洲等等，其建筑是清一色的水磨青砖结构，各种建筑左回右折，互相沟通，通过130余道式样不同的大小门及游廊、走道联成一体，设计精巧，布局新奇。

东莞可园精致的窗子

可园建筑高低起伏、屋顶多变，有歇山顶、硬山顶和单山顶；平屋顶多，观台多，有观兰的兰台，有观鱼的鱼台，有观月的月台。材料上青砖、红砖、青瓦成色彩对比；装修上非常考究，内檐阁扇、花罩、博古、屏门、楼格多用通雕、钉凸、斗心、拉花等地方做法，特别是百鸟归巢、葡萄药楣最有特色。园内最高建筑可楼，高15.6米，沿楼侧石阶可登顶楼的邀石阁，四面明窗，飞檐展翅，凭窗可眺莞城景色。它布局高低错落，处处相通，曲折回环，扑朔迷离，基调是空处有景，疏处不虚，小中见大，密而不逼，占水栽花，幽而有芳，加上工艺精密细致，极富岭南特色，是广东园林的珍品。这小小可园携带着丰厚的文化蕴

东莞可园

涵，印证着悠悠的世事，从历史走向未来。

2. 可园的得名

传说张敬修在建可园之前，拟取名为"意园"，即满意、合心意的意思。修筑竣工后，张敬修广邀文人逸士，大摆筵席，庆贺一番，让人们品评、鉴赏。张敬修引这班骚人墨客游览全园后，在大门口征集人们的意见。不知是被酒醺醉了头脑，还是这个园确实太好了吧？客人们一时找不到合适的词语来赞美，又不好先表态，就都应答说："可以！可以！"

"可以"两字，虽是泛泛空言的应付、推托之词，但言者无意，听者有心。张敬修见大家一致应为"可以"，"以"与"意"近音，"可"在"意"（以）前，"可"就比"意"优先，便改名为"可园"。所以，可园的命名，是可以的园子的意思，是张敬修自谦的称呼。

居巢是张敬修的幕宾，跟随张敬修多年，也客居可园多年。他在可园作画，每有自己以为得意的佳作，也多盖上"可以"一印，这印象就是可园命名的实物凭证。"可"有可人心意、合人心意之解。可园这名称，当然有可人心意的意思。古人"花能解语应多

事，石不能言最可人"句中，"可人"就是合人心意的意思。比张敬修年少六年的侄子张嘉谟，在《可轩跋》里记载：可园的命名，有无可无不可、模棱两可的意思。说张敬修在宦海中，曾三起三落，以图教育子孙后代在宦途上可行则行，应止则止，乐天安命。统而言之，可园的命名，有"可以""可人""无可无不可"三层意思。

3. 主要景点

（1）草草草堂

此堂为张敬修怀念十年戎马时的草草衣食住行所建，但建筑却非草率为之，故有联"草草原非草草，堂堂敢谓堂堂"之联。张敬修说他在军中"偶尔饥，草草俱膳；

擘红小榭

偶尔倦，草草成寐；晨而起，草草盥洗。洗毕，草草就道行之"，但是他认为"用餐也草草，住宿也草草，但是做人不能草草"，故起了这三草堂名来时时提醒自己。这里还有一联"可有草堂传佳句，园留景色话春晖"，这是一个嵌字联，系鹤顶格，首字就是嵌的"可园"两字了。

（2）擘红小榭

这是一个半亭似的建筑，一半在园中，一半好像消失在草堂中了，设计十分奇特。"擘红"是剥荔枝的意思，擘红小榭就是主人邀请文友品尝荔枝的地方。当初它的周围都种满了荔枝等亚热带水果，因为品尝荔枝最要新鲜，所以坐在这小榭中，伸手可摘取树上的红荔，剥而食之，是最佳的待客之道，因此称这个小榭为"擘红小榭"。

"擘红小榭"是著名的环碧廊的开端，长廊环绕穿行整座园林一周，因穿梭于浓密的绿色植物丛中得名"环碧廊"。此廊颇有来历，当年张敬修在广西任职时常常与居巢一起到广西名人李秉授的环碧园中切磋画艺，对那时的时光深深留念，所以在自己园中建一条环碧廊以资纪念。循行环碧廊，秀奇、幽深的园景便逐渐展现在眼前，尽收眼底。廊中挂满书画珍品，既可赏绿又可赏文，这些画多以岭南画派的作品为主，韵味悠长。

东莞可园

（3）双清室

双清室是可园的又一胜景，其结构十分奇妙：堂中的建筑、地面、天花、窗扇皆用"亚"字为图，因亚字繁体为左"弓"右"斤"（斧意），正合主人尚武之意。双清室是园主人用来吟风弄月的地方，根据堂前湛明桥翠、曲池映月之景，而命名"双清"，同时还因当时可到此厅的客人都是二居、张维屏、简士良这样的清高雅逸之士，更取"人境双清"之意。内院为全国最胜处，双清室前曲池源于唐卢照邻诗《曲池荷》："浮香绕曲岸，圆影复华池。常恐秋风早，飘零君不知。"池中卵石铺底，游鱼可数，湖石亭亭玉立，拱桥横跨东西。

双清室的"亚"字形彩色刻花玻璃，原是"红毛"玻璃，也就是今天法国的进口玻璃，上面的字乃是居巢所提的一首篆字诗。这也是岭南园林的一大特征特，当时岭南地区已与外国有了许多商贸往来，岭南园林的建设也有许多地方受到西方园林的影响。

（4）可堂

可堂是可园的主体建筑，也是最庄严的建筑，四条红石柱并列堂前，气派不凡，大门上雕刻的梅花栩栩如生。楼前有曲尺形水池，楼高 15 米多，底层大厅名可轩。其侧

东莞可园

东莞可园

有石梯级，盘曲可上绿绮楼，复又能通可楼第二三层。可堂为水磨青砖结构，地铺褐红砖阶，缀以花台、花径、假山，由环碧廊贯串起来，构成整体。当年画家居廉常居此，留下许多吟咏。堂外左右两廊长花基，秀丽中蕴藏着庄严肃穆。右前方设一小台名"滋树台"，为专门摆设盆景之用。堂外正中筑一大石山，状似狮子，威武雄壮，其间建一楼台，人称狮子上楼台。每逢中秋佳节，月圆之夜，人们登台赏月，尽览秋色。

（5）可轩

可轩是当年张敬修会客之所，地板用板砖与青砖磨制拼成桂花形，因此俗名"桂

东莞可园邀山阁

花厅"。传说当年地板砖在加工的时候，张敬修规定每个工人每天只能加工一块，如果加工了两块就要受罚。为什么要这样呢？因为他强调的是质量和品质，一定要做到最好，做快了通常就保证不到品质了，所以反而要罚。直至现在，一块块花样拼贴的砖缝中间连一根针都插不进去，可见当年作工之精细了。

（6）邀山阁

可园最高的地方是高达四层的"邀山阁"，是当年整个东莞的最高处，是主人观览远近景物的最佳处。因过去推开窗户近可见黄旗名山，远可见罗浮仙山，所以叫"邀山阁"。"邀山阁"雕梁画栋，造型秀丽，登临此处，俯瞰全园，则园中胜景均历历在目，犹如一幅连续的画卷。纵目远眺，博厦一带山川秀色尽入眼底，深得借景之妙。邀山阁又被当地百姓称为"定风楼"，因为它四面通窗，仅以10根木柱放在10个石墩上，无一钉一铁，但东莞是台风常袭之地，却经多次狂风、暴雨、地震都安然无恙，反映了当时建筑水平之高。

（7）绿倚楼

"邀山阁"下面是绿绮琴楼，是主人弹琴之所，也是女眷居住之地，人称小姐楼。相传清咸丰年间，园主人得了一台古琴，名绿绮台琴，相传绿绮台琴是唐朝所制，距今已有一千多年历史，是明朝武宗皇帝所用的御琴。明末被南海人邝湛若购得，他是一位抗清义士，被害后琴被另一位抗清人士叶犹龙购得，他与屈大均等明朝遗士泛舟西湖，弹琴咏诗，留下了不少名篇，最著名的就是屈大均写的《绿绮琴歌》，里面有"顾谓双鬟陈绿绮，一时宾客皆倾耳"的名句盛赞绿绮之妙。他建此楼专门收藏此琴，命名为绿绮楼。现在的绿绮楼开设有琴书会友项目，重现了150年前大家闺秀琴棋诗书的生活。人们进入绿绮楼中，仿佛有时光倒流之感，实为雅

东莞可园绿绮楼

番禺宝墨园始建于清末

俗共赏之处。

（六）番禺宝墨园

1. 简介

宝墨园位于广州市番禺区沙湾镇紫坭村，始建于清末，占地五亩，20 世纪 50 年代，宝墨园因年久荒废而毁。1995 年重建，历时六载，扩至一百多亩，是一处集艺术观赏、休闲娱乐于一身的仿古新建园林。园内建筑、园林、山水、石桥等布局合理，和谐自然，气韵华丽，堪称岭南园林的精华，有人甚至把它称之为"广东颐和园"。

宝墨园给人的第一感觉便是园林的宏

大，其规模可以排在当今中国园林的前列。宝墨园的气势宏大，不只体现于园林面积上，还体现在园林建筑之中。中国古建筑，少不了砖雕、石雕、木雕艺术的装饰，但与江南古典园林的精巧雅致相比，不仅增添了陶塑、瓷塑、泥塑等工艺，而且规模宏大，气度不凡。宝墨园既有中国传统的私家园林特点，又有皇家园林的气派，可以满足人们到此游园、观赏、休闲、娱乐等多种需要。

宝墨园四时青翠，园林花卉景点有聚有散，步移景换，美不胜收，诸如荔岛凝丹、玉堂春瑞、柳剪春风、千手罗汉、桂苑浮香、群芳竞秀、古榕长荫、茶王双璧，令人百看不厌。

番禺宝墨园规模宏大、气度不凡

岭南园林的代表作

2. 造园背景与由来

番禺宝墨园以湖河为点缀

宝墨园的修建源于广东民间流传很广的一个关于清官包公"宝砚投江"的故事。这个故事说的是，包拯官任端州（今广东肇庆）知州三年任期届满，百姓到江边为他送行时，其中一位长者以一方端砚相赠（端州盛产端砚，为传统名贵"文房四宝"之一，价值不菲），清廉一身的包公自然拒不接受。而随从见长者长跪不起，于心不忍，便悄悄把端砚收下了。船行途中，忽然遭遇狂风，波涛汹涌，情况紧急。包公十分惊奇，就问随从是否有收礼物，随从便如实相告。包公震怒，即将端砚投于江中，顿时风平浪静。清末民初，番禺的乡民据此故事，敬佩包公的清官品行，在紫坭村原有的包相府一侧建成宝墨园，以彰扬包公廉洁从政的美德。

宝墨园景若星棋，以湖、河为格局，点缀其间，叠石假山，花园草坛，错落有致，营造出不同的天地景色。宝墨园建筑是典型的岭南建筑风格，而命名又多与宣传包公或清官文化相联系。重建后的宝墨园继承和发扬了老园以弘扬包拯清官文化为主题的做法，同时借鉴广东清代四大名园为代表的岭南古园林建筑风格，进行大胆创新，形成融清官文化、岭南古建筑艺术、岭南园林、岭南民间文化与珠江三角洲水乡特色于一体的园林格局。

3. 景点

（1）浮雕和砖雕

宝墨园中有陶塑、砖雕、石刻、木雕等艺术精品琳琅满目。其中，长达 62 米浮雕《清明上河图》和砖雕《吐艳和鸣壁》工艺精湛，当属惊世之作。

大型瓷塑浮雕《清明上河图》，长 62.8 米，以精湛的工艺制作将张择端笔下北宋的繁华市井生活景象精致再现。浮雕的背面，是宋朝苏轼、黄庭坚、米芾、蔡襄四大书法家及宋徽宗、抗金英雄岳飞的书法碑刻。

《吐艳和鸣壁》刻着形态各异的凤凰与花草树木的巨幅砖雕，是一座以青砖为主，辅以白石、绿琉璃瓦的艺术照壁，长达 22.38 米，高 5.83 米，厚 1.08 米，面积达 130.48 平方米，连后壁计 260.96 平方米；砖雕主图部分宽 21 米，高 3 米，面积 63 平方米，前后壁共计面积 126 平方米。全壁由 3 万多块青砖雕刻镶嵌而成，上盖绿

番禺宝墨园雕塑

岭南园林的代表作

赵泰来艺术宫

色琉璃瓦，砖雕斗拱，下面是白石浮雕座，气势恢宏，蔚为壮观。《吐艳和鸣壁》分别以瓷塑浮雕与砖雕的规模而被确认为世界吉尼斯之最，成为宝墨园的镇园之宝，亦是游人最喜欢的留影之处。

（2）赵泰来艺术宫

位于园内西北处的赵泰来艺术宫，整座建筑集石、砖、木、瓷雕及彩绘、贴金艺术为一体，气势恢弘、雍容华贵，是园内最具欣赏价值的景点之一。宫内一、二层展出英籍华人赵泰来于1998年无偿捐赠给国家的各类文物，主要是其外曾祖父伍廷芳（民国初年为中国首任外交部长）所珍藏的从商、周至明清时期的古铜器、古陶瓷、古玉艺术品2000多件。园内还有杨善深艺术馆、赵少昂艺术馆、霍宗杰藏品馆等艺术类馆堂多处，展出大量古今名家书画及收藏品，具有很高的艺术、历史、文物价值。

赵泰来藏品馆与宝墨藏珍、龙图馆、聚家阁等珍藏的古今名画、书法、陶瓷、铜器、玉器等，体现了中华民族文化的源远流长，形成了独特的人文景观，简直是一座园林艺术馆。

（3）瑞霭琼林

在赵泰来艺术宫的左侧、风味馆后面，有一座4米多高的钟乳石山，命名为"瑞霭琼林"。该石山由150多块黄、白二色钟乳石砌成，山形俊俏、气势雄伟。石笋千姿百态，如鲤鳍、如石笋、如蘑菇云，形态逼真，并有瀑布、流泉。终日云雾缭绕，彩霞辉映，宛如瑶琳仙境。顶端石块酷似南极仙翁云游到园欣赏宝墨园美景，令人惊叹。

（4）水景

在全园中尤其值得一览的是堪称一绝的水景。荔景湾、清平湖、宝墨湖与1000多米长河贯通，水清如镜，长流不息，30多座石桥横跨旖旎河湖之上。若驾画舫轻舟，逍遥放棹，仿佛置身蓬瀛。清平湖位

番禺宝墨园水景

紫洞舫

于宝墨园中部,面积约 10 亩,湖名取义于"清平盛世"之意。湖面上,虹飞紫带;湖周围,绿柳浸烟;喜看锦鲤千千红浪涌,游人个个笑颜开。紫竹园里的紫竹溪,专供小孩玩水观鱼,是儿童的欢乐天地。

（5）紫洞舫

位于园区中部湖畔的紫洞舫有如一座水上艺术宫殿,是领略南粤风情的绝好去处。传说明末清初,南海县紫洞乡人麦耀千在广州做官,常从广州由水路返乡。他为了炫耀自己,便造了一只别致的大木船,装饰华美,集饮食、娱乐、游河于一体,人称之曰"紫洞艇"。后来富贵人家纷纷仿效,遂发展为水上茶楼,泊于广州荔湾和长堤,逐渐成为独具珠江三角洲水乡特色的高级画舫。

紫洞舫长 21 米,宽 6.8 米,高 8.7 米,共分两层,每层面积各 70 平方米。主结构是钢筋水泥,舫内宽敞明亮,用多种名贵木材雕花贴金装饰,造工精巧,尽显华贵。一、二层分别可接待 40—80 名游客就餐,并在一层设有流光溢彩的小舞台,游客可以在此边品茶,边尝广东小吃,边欣赏广东音乐、粤曲折子戏等,叫你眼福、耳福、口福并收。

周围绿树葱茏，杨柳依依，湖光翠微，相映成趣。湖中锦鲤成群，彩色缤纷，终日悠闲地穿梭于游人歇足处，争相觅食，逗得游人喜笑颜开，成为宝墨园水乡特色的又一胜景。

艺林苑牌坊

（6）九龙桥

是一主二副的三座白石拱桥，全用青白两色花岗石砌成，因正中主桥桥面中央是一块长7.1米、宽3米而凸出桥面的九条巨龙青石高浮雕，蟠曲得极富装饰性，九条姿态各异、玲珑剔透的石龙，爪舞云扬，栩栩如生，因而得名。桥的题字是集宋代徽宗皇帝赵佶所创正书瘦金体而成，并刻上他的押字，押字寓意为"天下一人"。三桥并列跨于鲤鱼涌上。但今日鲤鱼涌已改成长方形四周石砌的小河，两头由暗渠相通以保持活水，使数百尾锦鲤可以来回流动。

（7）艺林苑牌坊

艺林苑牌坊高12.08米，宽15.24米，朱红色的漆柱，"玉包金"的琉璃瓦面，绿色如意斗拱，贴金的木雕檐篷和梁柱，金光灿灿。牌坊的背面、内壁和天花，是

岭南园林的代表作

彩绘笔画，画中人物、花鸟栩栩如生。牌坊周围是汉白玉雕花护栏，雕栏玉砌，高贵典雅。古色新香牌楼比艺林苑更高大宏伟，外观两层，中间以三色玻璃满洲窗装饰，楼内绿色的贴金云龙天花，富丽堂皇。

（8）宝墨堂

矗立于宝墨湖畔的宝墨堂是为了纪念包公、弘扬清官文化与精神，整座建筑以水墨青砖砌墙，用乌烟辘筒盖为瓦，灰塑斗拱作檐线，黑漆梁柱，古色古香。还有像治本堂、龙图馆等仿古建筑，也是颂扬包公铁面无私、为官清廉的德政，建筑追求古朴肃穆风格，彰显着清官文化这一主题。

（9）治本堂

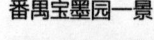
番禺宝墨园一景

治本堂原为包公花厅（包公办公的地

方），基本上按原宝墨园花厅的轮廓建造而成，独具岭南古建筑风格。治本堂是为纪念包公、弘扬包公文化而建。包公遗诗中有两句：“清心为治本，直道是身谋。”治本堂就是根据这个意思命名的，寓意为官清廉乃治国之本，颂扬包公为政清廉、大公无私的美德，让人们在游览的过程中感受到“清官文化”的熏陶，收到寓教于游的效果。

番禺宝墨园玫瑰园

“治本堂”的横匾下，有一副对联：“治迹越千年有德于民留后世，本源同一脉其清如水仰先贤。”正中有国画荷花，为广州画荷名家梁业鸿手笔。两旁亦有对联：“芰荷翠盖留清露，素实红裳送霭风。”这些对联和画，既颂扬了包公清正廉洁、出污泥而不染的高尚品格，亦表达了后人对先贤的敬仰和爱戴之情。

（10）玫瑰园

玫瑰园位于宝墨园之西南角，占地约7亩，全园玫瑰植株三万多，品种近50个。花形大者如巴黎玫瑰、状元红、火凤凰、白雪公主、波斯黄等；小者如迷你、珍珠、钻石之类，这里的玫瑰因长盛不衰而得名

开平立园

"瑰园春永"。

万紫千红的玫瑰园，沁人心脾的荷花胜景，碧水绿云的逍遥岛，清幽高雅白兰圃，惠风和畅的紫竹林，使人赏心悦目，尤是避暑胜地。园内的观景楼、风味馆、怡味馆、紫竹居等为游人提供番禺的风味小食，有驰名的沙湾姜埋奶、紫坭鱼皮角、沙湾双皮奶、荔湾艇仔粥、龟苓膏加雪糕及各式凉茶等。

（七）开平立园

1. 简介

立园，位于广东省开平塘口镇北义乡，坐西向东，占地面积约为 11013.99 平方米。它是塘口镇旅美华侨谢维立先生于 20 世纪 20 年代回来兴建的，历时十年，民国 25 年（1936 年）初步建成。立园的布局大体可分为三部分：别墅区、大花园区、小花园区。三个区用人工河或围墙分隔，又巧妙地用桥亭或通天回廊将三个区连成一体，使人感到园中有园，景中有景，亭台楼榭，布局幽雅，独具匠心，令人有巧夺天工之感。

整个立园不但建筑物构图独异，且花草树木构思独特、新颖，适应时代潮流，有规划地巧妙安排，遍栽各种名花异草、风景树、材用树、果木树等，应有尽有，琳琅满目。而今古木参天，绿树成荫，翠挹园亭，繁花满园，花香鸟语，置身园中心旷神怡，游者流连忘返。立园既有中国园林的韵味，又吸收欧美建筑的西洋情调，将其巧妙地融合在一起，自然融汇，在中国华侨私人建造的园林中堪称一流，也是中国目前发现较为完整的中西结合的名园。

2.名字的由来

立园的主人叫谢维立。园以主人名，天经地义，无可厚非，然而人们忽视了一个更深的含意，就是"立树立人"的含意。俗语说："十年树木，百年树人"。园林离不开树木，可是将树人寓意于园林之中就不多见。立园三岛中有一岛专门用来栽种果树，有龙眼、荔枝、杨桃等等，寓意几

开平立园凉亭

岭南园林的代表作

开平立园大牌坊

分耕耘几分收获。园中还有许多其他树种：苍劲的木棉、婀娜的凤凰、风骨铮铮的香梅、高风亮节的修竹、绿荫如盖的桂木、缠绵的花藤，应有尽有。园主的这种立意在园中楼台的对联中随处可见，如"修行笃厚能持己，立志图强可达人""立身清洁求高士，处世仁慈是善人""立德立功立善千秋不朽，园梅园松园竹本家无穷"。因此，立园园名与主人名字的相同，不能说只是巧合，而乃天作之合。

3. 景点

（1）稳庐

稳庐建筑面积占地 146 平方米，楼高两层半。为园主叔父谢圣相之子谢维稳的别墅，造型新颖，色调明快，兼具中西建筑特色，布局合理，有宽阔的大厅、舒适的寝室和客房以及实用先进的厨房。

（2）大花园牌楼

大花园牌楼又名晒书台。牌楼占地面积 69 平方米，副楼宽 5 米，高 4.3 米，主楼为宽 4 米，高 6.5 米。顶部采用中国传统的绿瓦顶结构，梁脊上采用双鳌争珠，四龙走斜边，造型布局气势非凡，其意为独占鳌头，鼓励后人努力学习，出人头地，强国富民。后为晒书台，面积 260 平方米，四周用洗石米形式，建筑围栏，栏柱顶采用倒莲装饰。整个建筑工艺精湛，气势雄伟壮观。

毓培别墅

（3）毓培别墅

毓培别墅建于 1926—1936 年，以园主乳名"毓培"命名，为纪念爱妾谭玉英而建。别墅小巧玲珑，四层分别为仿中国古式、日本寝式、意大利藏式、罗马宫式，建筑工艺堪称一流。地面巧妙地构筑四个"红心"连在一起的圆形图案，又用彩色的意大利石磨镶在每个厅、房正中，据推测那是园主对四位夫人心心相印的情怀，可谓匠心独运。

岭南园林的代表作

（4）泮立楼

泮立楼建于 1931 年 4 月，建筑投影面积达 146 平方米，楼高三层半。楼名是园主谢维立先生取其父谢圣泮及自己的名字联珠而成，是园主及四位太太生活起居的中心。其楼顶为中国古式琉璃瓦重檐建筑，盖绿色琉璃瓦，巧妙地架空，成了实用的隔热层。室内地面和楼梯皆为意大利彩石，墙壁装饰中国古代人物故事为题材的大型壁画、浮雕和涂金木雕，如"刘备三顾草庐""六国大封相"等，塑造人物逼真，栩栩如生。各层均置西式壁炉、悬挂古式灯饰、摆设雅致的酸枝古式家具，食用水和卫生设施均从国外进口，可管窥七十年前的华侨生活起居的情形。门口重门深锁，使人倍感神秘——当时的家庭防盗设施，由此可见一斑。

开平立园

（5）打虎鞭

打虎鞭为钢质杆，高18米、水泥浮花底座高2米。打虎鞭是一对风水杆，相传园主维立先生回乡兴建立园时，其在美国的生意一度下滑，即请风水先生到立园察看，云：大牌坊对面的虎山与立园相克，须在现址立打虎鞭一对，克制虎势。园主从之，在西德订制打虎鞭一对送到香港，再用船运回安装。天从人愿，打虎鞭竖立后，园主的生意也日益兴旺发达。打虎鞭向着虎山巍然矗立，像是要镇住"老虎"的淫威，起着理顺当时人们信仰风水的祈求，也将牌坊衬托得更加肃穆壮丽。

开平立园牌坊

（6）小花园

小花园与住宅区之间建"虹桥"连接，桥上建"晚香亭"一座。亭高两层，琉璃瓦顶，石米墙身，因桥两侧为东西向，四周种满果树香花，早晚都香飘纷纷。晚清书法家吴道熔先生书"晚香亭"，并将"晚"字书写成既可读"晚"又可读"晓"的字样：旭日东升时为晓香亭，夕阳西下时为晚香亭。意景相融，令人叫绝，游人入亭登楼观赏园景，别有一番情趣。

东莞粤晖园

小花园构图别致，为"川"字形。园内以"兀"形运河分隔，东边建"玩水"桥连接，桥上建"长春"亭；西边建"观澜"桥连接，桥上建"共乐亭"。小花园主要由"挹翠""长春""共乐"三亭组成，此三亭皆建造得别具风格，精巧秀丽。而"挹翠"亭顶，涂绘几帧古代"八仙过海"的人物灰雕壁画，色彩鲜艳，人物活灵活现，顶部盘踞着一条金龙，悬垂的灯盏，就像它吐出来的明珠，惟妙惟肖，令人赞不绝口。而建于玩水桥上的长春亭，桥身及亭柱用洗石米形式，栏、柱造型别具一格，桥身两侧各用彩瓷嵌上桥名，桥顶为古式琉璃瓦顶，瓦檐四边原挂响瓦，风吹瓦动，悦耳之声犹如风铃。

（八）粤晖园

1. 简介

粤晖园是岭南园林的代表杰作，是全国最大的私家园林。粤晖园布局精妙，将岭南园林传统艺术与现代审美情趣融合于一园。楼馆、亭台、水榭、曲廊、石桥、假山等108个园林景点，蕴含着清雅别致的岭南古建筑风格，掩映于青翠欲滴的古树名木之间，曲径通幽，步移景异。一条条清凌凌的小河在园中回环萦流，将园内各景点串联起来，水随园转，园因水活，将广阔的空间分割成大小五十多处意趣盎然、形态各异的风景群，构成一组组令人荡气回肠的流动的岭南山水画。庭院深深，荷风四面，杨柳轻垂，极具唐诗宋词之深远意境。园内巧引东江之天然活水，河、湖、溪、涧等水域面积240多亩，约占总面积30%，碧波荡漾，极尽婉柔。

粤晖园作为岭南文化的大观园，其建筑特色不仅有岭南之秀，也有江南之雅、北方之雄。整个园区内最具代表的景观有点线面交融、气势恢弘的东正门；左中右辉映、巧夺天工鸿篇巨制的"百蝠晖春"；楼宇荟萃复合一体、古香古色的繁楼、繁文馆；极具岭南文化底蕴、娱乐表演精彩纷呈的"南韵馆"；还有鱼跃龙门、步步

东莞粤晖园

岭南园林的代表作

"百蝠晖春"照壁

高升、吉祥如意的五元坊、浑然天成的紫烟崖等。

2. 景点

（1）粤晖园东正门

东正门是粤晖园的主入口，气势恢弘，其屋顶采用了北方皇家园林常用的重檐歇山顶，其体量、权衡均是以明清建筑进行设计的，并在屋顶戗脊上放置仙人走兽，更显富丽庄严，同时也象征着粤晖园作为岭南第一园的王者气势。而大门的梁、额坊均采用皇家建筑专用的和玺彩画，金碧辉煌、高贵典雅。

正门两侧厢房由廊与正殿相连接，围成一个宽敞的门前广场。厢房雀替、额枋（柱间下层梁）等也饰以旋子彩绘。东正门外南北以廊和厢房组合，其间设园圃小景，园圃由围墙与园内大景点相隔，自成景点。北廊园圃设有奇石，四时娇花，南廊园圃散植花树，几枝翠竹，清雅异常。

（2）"百蝠晖春"照壁

"百蝠晖春"巨型砖雕照壁，长50米，高9米，寓意"九五至尊"，是一幅以福寿

为意旨的"中国福文化"砖雕壁照，是目前国内最大的砖雕艺术巨作。它以优质青砖作浮雕，壁顶压盖灰瓦，正脊彩绘泥塑，分为三部分，主体部分以"福"为旨，左右分别辅之以"禄""寿"，每一主题都由若干组图构成。主体居中一巨蝠王，展翅高翔，气度雍容，另有四只略小巨蝠盘旋于蝠王左右。五蝠呈拱型分布，互相顾盼，寓意"福星拱照""五福临门"。蝠王正对巨鼎聚宝盆，其上财宝满溢、金光璀璨，巨鼎造型古朴典雅，纳富贵福瑞于其中，俗气尽脱。

照壁以岭南传统砖雕技法，将圆雕、高浮雕、锦地与镂空融为一体，构思精巧、工艺精湛，堪称岭南砖雕艺术的"瑰宝"，

蘩文馆

表现了我国人民对美好生活向往而形成的
"福"文化，也是粤晖园"福"文化的灵魂，
以此为祖国的昌盛永隆祈福。

（3）蘩文馆

"蘩"原为水草茂盛之意，引申则有繁
荣、兴盛之意。粤晖园中的蘩文馆是全园规
模最大、功能最多的仿古楼群，由门厅、厢
房、玉纸堂、附楼、清风廊、明月廊、观日亭、
赏月亭、椽笔阁、墨华阁、蘩文馆构成。作
为粤晖园建筑群的主体中心，依次布置三座
主楼和东西对称的跨水复廊连成一个整体，
组成一个传统的三进四合院，耸立在绿树丛
中，四周伴之于小溪环绕，富于水乡风情。
整个楼群采用 365 根圆柱建成，寓意着一年
365 天，天天如意。

蘩文馆还是粤晖园岭南文化艺术馆的展示中心，主次井然有序，高低错落有致，气象雄伟庄重，融民族传统、地方特色和时代精神于一体。馆区占地面积 10000 多平方米，集收藏、展示、学术研究于一身。

（4）荷花池

荷花池位于蘩文馆以北、水帘洞以南、兰薰苑以西、榕荫水道以东，由莲花廊分隔成两部分：西面称沐莲池，东部称浴荷池。浴荷池北端有两座典型岭南小筑，设抚琴台面对，西为晓音室、东为晓琴室。两室为硬山顶镬耳山墙，三面环廊，砖砌琉璃瓶柱栏河，二重柱布列，中间设茶座。晓音室西由荷曲桥与莲花廊相连。每当月夜，池中水雾缠绕，层层玉盘承金露，若再引得清风送来阵阵幽香，沁人心脾。"岭南秋雨细如丝，水墨云天染碧池。最爱田田莲叶上，晶莹珠露惹相思"，何其诗意！

（5）粤剧研究院——南韵馆

南韵馆是一座极典型的岭南建筑风格的中型歌剧院，因其为追求现代歌剧院的音场效果，设计别出心裁，故而有别于其他岭南古建筑。馆内分上下两层，底层为

南韵馆

五元坊之状元坊

观众席，能容纳近 2000 人同时观看表演；二层已被开辟为东莞粤剧戏曲博物馆。正面仰观，山墙呈镬耳状，两边配以飞檐翘角，雄伟中突显秀美；侧面观之，以八阶迭级而上，其状如金鳌出水，昂首面南；中间五迭其上盝顶屋面之翘脊，形似牛角，又如金鳌之飞翅。青砖素瓦，仿清花窗，配以包台植奇花异草于其间，更显娟秀而明丽。南韵馆风格独特而又与整个粤晖园浑然一体，惟妙惟肖，实为当今岭南建筑不可多得的杰作。

南韵馆右侧为颐乐广场，广场遍植古木红棉，周边设躺椅及各类娱乐设施。广场西边建一露天舞台，舞台时有歌舞表演，精彩纷呈，热闹非凡。游客或坐或站，或参与其中，载歌载舞，一片欢声笑语；或闲躺其侧，清茶一杯，闭目击节，赏南音粤韵，亦是人生之一大快事。广场西面，与南韵馆游廊相连的绮玉轩，整体造型别致，镬耳山墙的四边对称布局，更显八面玲珑，正好与南韵馆一雄一秀遥相呼应。轩外临湖之望台，凭栏远眺紫烟崖、归水桥、泛花港游船码头、远韵堂等周边景物映入水平如镜的无香湖，一片雄山秀水，尽收眼底，交相辉映，让人心旷神怡、留连忘返。

（6）五元坊

中国的科举制度源远流长，其始于隋唐，定型于明清，有 1200 多年的历史。在这 1200 多年的科举史中，可谓人才辈出、星光璀璨。五元坊可以说是一条完整的龙门之路。这座五座坊，"解元坊"原为秀才参加乡试夺魁而设，"会元坊"为举人参加京城会试中头名而设，"状元坊"为贡士参加殿试后得一甲而设，"士元坊"为历练多年政绩政声俱佳者擢升的大学士而设，"兴元坊"为功高者、封侯拜相，辅国兴邦者而设。整座坊面阔 7.56 米，通高 9 米，采用清朝皇家建筑比例，显得气派庄严。坊两侧巧妙设置水流冲激而下，其中养殖锦鲤，时有锦鲤溯流而上，可谓鱼跃龙门、蔚为壮观。坊间铺有地砖，其上雕以祥云朵朵，寓意平步青云，步步高升。

紫烟崖宛若天成

（7）紫烟崖

紫烟崖宛若天成，高耸的石山飞峙江边，山花藤蔓、野果古树点缀山间；翠柏苍松、崖洞崖壁，瀑布流泉。此山外观是天然石山，内利用多层结构雕塑成岩洞、

绕翠廊

溶洞相互连通，巧妙利用地底建成水处理池，循环水系池，顶部为"天池"，沿着山崖小道时而上行，时而下逆，又有暗河由石桥连通，半山腰有山洞通往石岩平台，向下看若临万丈深渊，惊心动魄。当日落紫烟，紫烟氤氲，映出一弯彩虹时，更是醉人。

（8）九曲诗廊

诗廊是粤晖园内又一绝景，廊长半里如箭直，长230多米，高近4米，设在粤晖园的南端。诗廊六个廊头依次叠落，增强了感观的灵活性。诗廊是一条文化长廊，以精湛的砖雕艺术表现，集岭南诗、书、画大家的新创作，对联组画，配以诗词，通过诗词、书法、国画、雕刻等艺术形式，展示当代岭南风土人情。

（9）绕翠廊

绕翠廊为双面空廊结构，绕园而建，共600多间，廊宽近3米，廊柱高3米，全长3.2千米，创古今园林长廊之首。廊随形而弯，依势而曲，穿花透树，曲折蜿蜒，把粤晖园内的几组建筑群在水平方向上联系起来，增强了景色的空间层次和整体感，成为游园的交通纽带。"绕翠廊"并非一廊平盖，每隔一段，都有"镬耳"山墙或歇山顶上盖高出，使廊盖起起伏伏，多姿多彩。廊的梁架、檐板等均饰以卷草花纹，凡有"镬耳"山墙的门楼和歇山顶节点，墙头均饰以精工细刻的砖雕，常见的图式为双福金钱，各式卷草花纹图案等。在长廊内又利用楹联、书画、花木等点缀，更增加了粤晖园的文化底蕴。

归水桥

（10）归水桥

粤晖园内各式桥众多，若论规模、特色、气派，当以归水桥为首。归水桥一桥分两湖，把印月湖和无香湖分隔于东西。五亭通南北，把紫烟崖与月湖居连接，桥面宽阔可通汽车，桥上别出心裁的建造呈"器"字型布局的五个桥亭，略似扬州瘦

归水桥

西湖的五亭桥。但归水桥更加雄奇、壮美，空中俯瞰似一朵大而美丽的怒放莲花盛开在印月、无香两湖中间。

站在归水桥上，东望无香湖，湖水澄净，清澈见底，水流缓缓，明丽欢快，因名之以无香，取其真水无香也。湖中画舫来往穿梭，绮玉轩、泛花港、远韵堂、漾波苑尽收眼底，一览无遗。湖四周花草修竹，湖中养殖锦鲤，每当阳光照耀湖面，波光粼粼，湖中时有锦鲤追逐嬉戏，时有微风拂面，顿觉衣轻发爽，飘飘然如临仙界，如入仙境。

西望印月湖外之东江，水天一色，美不胜收。若在傍晚时分，站在泛花港望归水桥，落日余晖把整个归水桥映得金光灿烂，落霞从桥孔透入，好一幅"归水夕照"啊！来到这里，心灵在这归于宁静，这里没有凡尘的俗事，只有大自然的美景，没有都市的喧嚣，只有自然的天籁之音。在此，可以尽情释放你的心灵，用心去倾听自然的和谐之声，用心去感悟人与自然的美妙和谐。